AF360196

Publications du "SIÈCLE"

LA
Réglementation officielle
DU TRAVAIL

DISCOURS

DE

M. YVES GUYOT

Au Congrès d'Anvers

(Extrait du journal *Le Siècle* des 30, 31 juillet et 1er août 1894)

PRIX : 25 CENTIMES

PARIS

LIBRAIRIE GUILLAUMIN, ÉDITEUR
14, rue Richelieu, 14
1894

5872

Publications du " SIÈCLE "

Les Préjugés économiques, conférence faite par M. Yves Guyot à l'Association polytechnique (1er arrondissement). — Prix **0 50**

La Question des Patentes et les grands Magasins, discours de M. Yves Guyot prononcé à la Chambre des députés, le 18 février 1893. — Prix............ **0 25**

La Loi sur les Bureaux de placement, discours de M. Yves Guyot à la Chambre des députés, prononcé le 8 mai 1893. — Prix **0 25**

La Situation coloniale de la France en Juin 1894, conférence faite à la Société d'économie industrielle et commerciale. par Félix Leseur. — Prix............ **0 50**

La Répartition de la Propriété immobilière en France, communication faite au National Liberal Club Political Economy Circle, le 4 juillet 1894, sous la présidence du Rt Hon James Stansfeld M. P. — Prix **0 25**

LA

Réglementation officielle

DU TRAVAIL

DISCOURS

DE

M. YVES GUYOT

Au Congrès d'Anvers

La seconde section du *Congrès interna-
tional d'Anvers sur la législation doua-
nière et la réglementation du travail*,
comprenait entre autres, les questions sui-
vantes :

« 5° Dans quelles conditions la limitation des heures de travail est-elle établie ?

» 6° La classe ouvrière a-t-elle intérêt
à une réglementation officielle ?

» 7° Cette réglementation est-elle possible ? Si elle était possible, pourrait-elle
être autre qu'internationale ?

» 8° Pourrait-on arriver à une entente

internationale avec une sanction efficace ?

» 9° L'entente internationale doit-elle
s'étendre à toutes les industries ou peut-
on procéder graduellement par industries
spéciales ? »

Ces questions furent groupées dans une
discussion qui dura deux jours. Le 21 février, M. Vandervelde, avocat, chef du
parti ouvrier belge, prit la parole et pro-
nonça un discours que l'*Etoile Belge* résume de la manière suivante :

M. Emile Vandervelde réclame la journée
des huit heures de travail. Cette réforme est
possible. Plusieurs grands industriels anglais,
après en avoir fait un loyal essai, l'ont défini-
tivement adoptée. La Chambre des communes
même l'a introduite dans les mines et se pro-
pose de l'appliquer à d'autres industries. M.
Vandervelde demande qu'elle soit également
admise en Belgique, non pas brutalement,
non pas en une fois, mais par étapes. Des
syndicats, par exemple les conseils de l'industrie seraient chargés d'examiner pour chaque
industrie spéciale s'il y aurait lieu d'établir
ou non cette réforme. L'orateur est parfaite-
ment d'accord que les huit heures ne peuvent
être introduites immédiatement dans certaines
industries. Mais on peut procéder lentement.
M. Vandervelde examine ensuite longuement
les objections qui se sont produites au sujet
de la réglementation du travail et s'attache à
prouver, documents à l'appui, que tous les arguments des adversaires de la réforme sont
erronés. Les ouvriers anglais, les premiers

ıntéressés dans la question, ne réclament plus la suppresssion des lois qui les protègent.

M. Yves Guyot répondit par le discours suivant dont nous venons de recevoir la sténographie :

La méthode des socialistes

M. Yves Guyot. — L'honorable M. Vandervelde demandait des faits ; il me permeitra de lui dire qu'il a tracé beaucoup plus le roman de la journée de huit heures qu'il n'a apporté de faits à l'appui de sa thèse. Il est parti d'abord d'une erreur de méthode qui m'a étonné chez un homme qui parle de méthode expérimentale, qui évoque des faits. Il a dit : « Les ouvriers anglais sont maintenant partisans de la journée de huit heures, et ce sont les meilleurs juges. »

Depuis quand les hommes de science ont-ils considéré les intéressés comme les meilleurs juges ? Si vous invoquez cette opinion des intéressés, je vous rappellerai que les petits agriculteurs français, qui n'avaient aucun intérêt à la protection, l'ont cependant demandée. Pensez-vous qu'ils avaient raison ? Tous les industriels, en France, il y a quelques années, réclamaient la protection ; beaucoup, aujourd'hui, s'en repentent : auriez-vous donc invoqué leur opinion en faveur de votre thèse ? Adversaires ou partisans du libre-échange, admettez-vous que, si des patrons, des industriels réclament telle mesure en leur faveur, elle soit juste conforme à l'intérêt général, par cela même qu'ils la demandent. (Applaudissements.)

Vous invoquez l'opinion des ouvriers. Il y a cinquante ans, ne repoussaient-ils pas les machines, èt toute nouvelle machine qui s'est produite n'a-t-elle pas eu d'abord pour adversaires des ouvriers? N'ont-ils pas été jusqu'à démolir les machines d'Arkwright et de Jacquard, à s'opposer même aux chemins de fer, à détruire les locomotives? Conclurez-vous qu'ils avaient raison à ce moment? L'expérience a parlé contre eux et a démontré que, malgré les préjugés qui pouvaient animer certains ouvriers à certains moments contre un des plus grands facteurs du progrès humain, c'est la machine qui a triomphé. Le jour où Galilée a déclaré que la terre tournait, s'il y avait eu un plébiscite, il eût été seul de son avis; en avait-il moins raison? (Applaudissements.)

Vous avez invoqué l'autorité des ouvriers des docks de Londres. Allez-vous les appeler à votre secours au point de vue de la méthode?

Ne sont-ils pas les plus malheureux, et les plus ignorants, et, par conséquent, les plus aptes à toute espèce de foi? Quelle est la valeur intellectuelle de leur assentiment? On leur promet que, si la loi intervient, ils gagneront des salaires plus élevés, du bonheur, avec moins de peine pour eux; et ils ne le croiraient pas, alors que nous voyons tant de gens beaucoup plus intelligents, ayant reçu une instruction savante, faire, à tout instant, acte de foi à l'État? (Applaudissements.)

La limitation des heures de travail

Je veux me renfermer dans la limite des questions qui sont à l'ordre du jour :

J'aborde immédiatement la cinquième question :

« Dans quelles conditions la limitation des

heures de travail a-t-elle été établie? Comment fonctionne-t-elle et quels en ont été les résultats?»

Sauf, dans la Suisse et en l'Autriche, il n'y a pas de réglementation du travail des hommes adultes. Il y a, en France, la loi du 9 septembre 1848. Dans quelles conditions cette loi a été faite? Son origine est un argument contre elle. Au lendemain de la Révolution, on avait établi des ateliers nationaux pour donner une satisfaction aux aspirations socialistes. Cet essai socialiste a abouti aux journées de juin. Une fois l'insurrection vaincue, malgré cette effroyable expérience, on voulait faire quelque chose. En général, on fait des sottises. (Rires et approbation.) Eh! bien, on voulait faire quelque chose pour les socialistes, et on discutait pendant de longues séances, si on inscrirait le droit au travait dans la Constitution, comme s'il suffisai d'inscrire le droit au travail pour donner du travail. (Approbation.) On n'inscrivit pas le droit au travail; mais, au cours de la discussion, le gouvernement promulgua le décret du 9 septembre 1848; cette loi est immorale, parce qu'elle n'était destinée qu'à créer une illusion.

En effet, il y a bien l'article premier, toujours en vigueur, qui déclare que « la journée de l'ouvrier dans les manufactures et les usines ne pourra pas excéder douze heures de travail effectif », mais l'article 2 prévoit que des règlements d'administration publique détermineront les exceptions pour toute espèce de travaux. Et le règlement d'administration publique du 17 mai 1851 est venu faire ces exceptions. Jamais cette loi n'a été appliquée. Le décret du 16 février 1883 a essayé de la revivifier ; mais le décret du 3 avril 1889 est venu y apporter de nouvelles exceptions. Voilà quelle est l'expérience de la loi de 1848 en France, elle se traduit par zéro !

Du reste, le gouvernement qui avait pris la limite de douze heures de travail savait bien que cette limite ne signifiait rien parce que les mœurs, depuis longtemps, l'avaient consacrée et qu'elle n'était dépassée que dans certains cas exceptionnels.

Le texte même du décret du gouvernement provisoire du 2 mars, qui est la première formule de cette loi, en est la preuve, car l'article 1er est ainsi conçu :

« La journée de travail est diminuée d'une heure. En conséquence, à Paris, où elle était de onze heures, elle est réduite à dix ; et en province, où elle était de douze heures, elle est réduite à onze. »

Depuis, il y a eu notamment la tentative du Conseil municipal de Paris, du 17 avril 1887, imposant un maximum d'heures de travail aux entrepreneurs. La clause du cahier des charges qui la prescrivait a été annulée par le Conseil d'Etat ; mais la mesure a produit immédiatement une grève de terrassiers, une grève de paveurs et a amené des désordres.

J'ai eu l'occasion d'en causer avec des maçons avant la décision du Conseil d'Etat. Il s'agit de Limousins qui sont ouvriers à Paris et propriétaires dans leur pays, où ils vont passer l'hiver. Ils profitent des journées d'été pour se rendre à Paris et y amasser un certain pécule. Ils retournent ensuite chez eux, où ils achètent des terres et deviennent conseillers municipaux et maires. Croyez-vous qu'ils étaient contents de voir limiter leurs heures de travail, alors que les jours sont longs et qu'ils sont disposés à travailler? Croyez-vous qu'ils ne protestent pas contre l'hiver, qu'ils ne trouvent pas qu'il a une sanction autrement efficace contre l'abus du travail qu'ils pourraient faire que toute espèce de mesure législative? De cette sanction, ils voudraient bien se passer. C'est l'hiver qu'ils trouvent long. (Applaudissements.)

A propos des conséquences de cette réglementation, je rappellerai que, quand M. Frère Orban proposait la suppression des octrois en Belgique, il invoquait la tendance de certaines municipalités à en faire un instrument de protectionnisme à l'intérieur. Nous avons vu le même fait se produire à Paris.

Comme conséquence de la clause du cahier des charges du Conseil mnnicipal de Paris, on voulut interdire par des tarifs d'octroi aux entrepreneurs de faire venir de la pierre, du bois, du fer ouvré, de l'extérieur ; de sorte que cette mesure aboutissait non seulement à la limitation des heures, à une diminution du bien-être et de la capacité d'épargne des travailleurs, à la fixation d'un minimum de salaire, mais encore à la résurrection de douanes à l'intérieur pour protéger les ouvriers de Paris contre leurs compatriotes ! (Applaudissements.)

Vous avez parlé tout à l'heure des chemins de fer. Pendant que j'étais ministre des travaux publics, j'ai fait l'expérience des douze heures. Je me suis servi de la loi de 1848. J'étais curieux d'en voir les résultats. Par une lettre du 24 avril 1891, j'invitai les Compagnies de chemins de fer à limiter à douze heures par jour le travail des mécaniciens et des chauffeurs. Je dois dire que ma circulaire n'était pas bien grave, car, d'après le tableau que m'avaient apporté les Compagnies, il n'y avait que très peu d'exceptions. Une des exceptions était faite pour les mécaniciens venant de Paris à Mons et retournant de Mons à Paris. Leur journée dépassait un peu douze heures, aller et retour. Si l'on avait appliqué ma lettre rigoureusement, au lieu de rentrer à Paris, ils auraient été obligés de coucher à Mons. Les femmes des mécaniciens qui faisaient ce trajet ne trouvaient pas la solution satisfaisante, et elles m'ont accusé de pousser leurs maris à la bigamie. (Rires.) Je n'ai pas exigé l'application intégrale de ma circulaire.

Il a été bien constaté par cette expérience qu'il était absolument impossible de limiter la durée de la journée du travail des ouvriers des chemins de fer exactement à douze heures. J'ai eu un successeur qui était fort bien avec les socialistes. Il a été obligé de renoncer à aggraver ma circulaire. On est arrivé à un *modus vivendi* dans lequel on ne tient pas compte des heures par journée, mais par semaine, de manière à permettre aux mécaniciens dans la situation de ceux de Mons à Paris de faire l'aller et le retour (Rires.)

Est-ce que le travail de tous les employés d'une Compagnie de chemin de fer est uniforme? Est-ce qu'un aiguilleur, sur une ligne de chemin de fer d'intérêt local, qui remue quatre ou cinq fois son aiguille dans la journée, fait un travail comparable à celui de l'homme qui est placé dans un appareil Saxby, à la tête d'une gare importante? Ce n'est pas douze heures de travail que pourrait supporter celui-ci, c'est sept ou huit heures qu'il supporte à peine. Comparez-vous le travail du mécanicien d'un train de marchandises faisant ses trente kilomètres à l'heure, qui fume sa pipe en regardant le paysage et les signaux défiler lentement devant lui, avec le travail du mécanicien d'un express faisant quatre-vingts kilomètres à l'heure, toujours l'œil inquiet à la recherche du sémaphore ? Il n'y a aucune analogie possible. Vous retrouvez ces différences dans la plupart des industries. Voilà donc une série d'expériences et de faits que je viens de citer ; et, sans revenir sur une des questions déjà traitéespar le congrès, je dirai un mot de la loi du 2 novembre 1892 sur le travail des femmes et des enfants en France.

La réglementation du travail des femmes

On avait très ingénieusement combiné une loi fixant le travail à douze heures pour les hommes, à onze heures pour les femmes et à dix heures pour les enfants. Cette loi a provoqué immédiatemént des grèves, tel a été son seul résultat pratique. Il y a eu les grèves d'Amiens, d'Abbeville, et de tous côtés sont venues des protestations de tout genre. Là où il n'y a pas eu de grève, c'est parce que l'on n'a pas appliqué la loi. Une nouvelle loi destinée à la modifier est actuellement en discussion devant le Parlement. Ce que je voudrais signaler ce sont les motifs qui ont provoqué cette loi du 2 novembre 1892 et la réglementation du travail des adultes.

J'ai pris la parole, à la Chambre des députés en 1888 et en 1889, pour combattre cette loi et je répèterai ici ce que j'ai dit du haut de la tribune à M. Richard Waddington, rapporteur, qui est un filateur de Normandie.

La filature de la Seine-Inférieure a comme concurrente redoutable la filature des Vosges. La première a toujours été une industrie demandant la protection et ayant pour habitude de ne pas amortir ses manufactures. La filature des Vosges, plus progressive, amortissait ses usines. Les filateurs de la Seine-Inférieure, par l'organe de M. Waddington, demandaient la suppression du travail de nuit dans les filatures de coton pour diminuer la concurrence de l'industrie des Vosges et, en supprimant le travail de nuit, empêcher ces filateurs d'amortir rapidement leurs manufactures. Telle mesure présentée comme une mesure sociale dans l'intérêt des ouvriers, n'est souvent réclamée que dans l'intérêt de certains patrons qui exploitent des préjugés et des erreurs. (Applaudissements.)

À propos de cette loi, je me rappelle que M. Lionnays, député du Havre, déplorait l'invention de l'éclairage au gaz et à plus forte raison de l'éclairage électrique. Bref, il regrettait que les progrès de la science eussent permis de prolonger le travail dans la nuit. C'est là toute la question. Regrettez-vous les progrès qui permettent d'utiliser la nuit comme le jour, au voyageur, à une lettre, à un journal, de prendre le chemin de fer le soir pour arriver le matin? Les aubergistes suisses n'admettent pas que les trains circulent la nuit.

Lorsque vous interdisez le travail de nuit, l'interdisez-vous pour tous d'abord? Non! vous ne le pouvez pas. Il y a des manufactures et des usines qui ne peuvent pas chômer, des fours qui ne peuvent pas s'éteindre;

pour qui l'interdiction est-elle faite ? Pour les usines qui peuvent chômer. Celles-là ne demandent pas à travailler la nuit.

Dans cette loi de 1892, on a procédé comme pour la loi anglaise, on a admis que pendant 60 jours, 90 même, des femmes pourraient travailler la nuit, Pourquoi ? M. Waddington répondait : « D'après l'enquête faite auprès de patrons, nous nous sommes assurés que ce laps de temps était suffisant. » Si une modiste, une couturière, ne travaille que 60 ou 90 jours, que faites-vous en faisant la loi ? Améliorez-vous le sort de ces personnes ? Non, vous créez des inspecteurs pour les ennuyer ; vous leur tendez des pièges à procès-verbaux ; vous provoquez les grèves, mais vous ne les ferez pas travailler un jour de plus ou de moins. Le travail de nuit produit moins et est payé plus cher et le patron ne l'exécute pas pour son plaisir, non plus que l'ouvrier. Ils ne font ce travail que forcés.

N'y a-t-il pas à tout instant des circonstances qui rendent ces lois inapplicables?

Je ne veux pas rappeler un souvenir douloureux, mais il y a trois semaines a eu lieu l'enterrement de M. Carnot. La loi du 2 novembre 1892 subsiste. Il y a eu un amoncellement de couronnes de fleurs qui ont témoigné de l'émotion causée par cet assassinat. Croyez-vous que pendant la semaine qui a précédé l'enterrement. tous les ateliers de fleuristes n'ont pas été en contravention ; où est l'inspecteur du travail qui eût osé dresser des procès-verbaux ? Je suppose que, demain, il y ait un grand bal à l'Hôtel de Ville de Paris. Quel est le conseiller municipal qui demandera, la veille, de mettre en contravention la couturière de sa femme qui aurait travaillé toute la nuit? (Rires.) Ces lois sont des « lois écumoires » qui posent un principe et qui ensuite sont criblées d'exceptions. (Très bien!) Vous essayez pour justifier vos lois, lorsque vous les discutez, de faire croire que ces lois ne gêneront personne. On y a mis tant d'atténuations! Soit; mais si elles ne doivent gêner personne, pourquoi imposer cette contrainte légale?

Pour soutenir la loi du 2 novembre 1892, on invoquait un autre argument. Le travail de nuit est démoralisateur. Et cette loi admet, que 60 ou 90 jours, et même en permanence pour certains métiers, il y aura le travail de nuit. Le travail de nuit est-il moralisateur lorsqu'il est autorisé et devient-il seulement démoralisateur lorsqu'il ne l'est pas? (Applaudissements.)

L'expérience anglaise

On a parlé des *Factory-acts* anglais. J'ai été étonné d'entendre dire : « Depuis cinquante ans, la réglementation du travail existe en Angleterre, et c'est à cette réglementation que l'Angleterre doit son grand succès économique. »

M. Vandervelde. — Je n'ai pas dit cela, j'ai dit que la législation de l'individualisme en Angleterre avait donné des résultats satisfaisants et n'avait pas entravé le développement économique du pays.

M. Yves Guyot. — J'avais été surpris d'entendre cette thèse, ayant été habitué à considérer que le grand développement de la richesse d'Angleterre depuis cinquante ans venait non seulement des transformations

que l'invention avait produites dans l'industrie des transports, dans la mécanique, mais
surtout de la liberté commerciale qu'elle avait
été la première à adopter.

Il y a eu en réalité deux acts qui ont été
véritablement interventionnistes. L'act de 1872
et l'act de 1878. Ce dernier d'abord a tous les
défauts que je viens de signaler. Il contient 65
pages, dont 10 de table, et il ne comprend
que des exceptions : il donne douze jours de
fête par an à l'Irlande et seulement quatre
ou cinq jours à l'Angleterre protestante. Je ne
sais si M. Vandervelde a lu les rapports des
inspecteurs chargés d'appliquer ces acts. Je
les ai lus, ils sont extraordinaires. Je citerai
un fait seulement.

Chaque manufacturier doit choisir son jour
de repos ; les juifs choisissent le samedi, mais
dans ce cas font travailler les chrétiens le di-
manche. Contravention s'il les fait travailler le
samedi.

Dans une usine, une ouvrière est restée
pendant le temps du déjeuner, toutes les autres
sont parties. Procès-verbal pour le patron
(coût 69 fr. 95). Il y a une foule de cas de ce
genre.

M. Van Elewyk a déclaré hier que l'industrie anglaise n'avait pas eu à souffrir de l'act
de 1878, et on l'a répété aujourd'hui. Tout en
sachant trop combien sont multiples les rapports économiques, pour avoir dans les faits
invoqués à l'appui de telle ou telle thèse la
foi aveugle que réclament les socialistes pour
ceux qui leur conviennent, je prends immédiatement deux chiffres donnés par M. Lord,
président de la chambre de commerce de Manchester sur les salaires de 1850 à 1877 et 1883
dans la filature et le tissage, le blanchîment

du coton, le calicot imprimé, les mines, la construction, groupant sept salaires de ces industries, il constate que de 1850 à 1877, période de liberté, les salaires ont augmenté de 43 0/0. Puis de 1877 à 1883, après le *factory act* de 1878, ils sont tombés à 39,18 0/0. Cette diminution de près de 4 0/0, n'est pas une preuve de prospérité ni de développement de l'industrie et ne constate pas une amélioration dans la situation des ouvriers.

Dépouillant l'enquête de 1887 sur la crise industrielle qui avait eu lieu en Angleterre, voici ce que constatait, dans son livre *Labor and Law* (le travail et la loi), publié en 1891, mon ami Bradlaugh, le grand agitateur républicain radical expulsé de la Chambre des communes comme libre penseur, d'un siècle en avance sur l'opinion de ses compatriotes.

Il constate que nombre d'industries ont diminué ou même disparu, parce que la réduction des heures de travail, sous les *factory acts* de 1872 et de 1878, avait élevé trop haut leur prix de revient.

La fabrication des bouteilles a disparu; la tannerie a disparu à Leeds et à Bristol; la carrosserie a diminué. La fabrication du ruban à Coventry et Congleton s'est éteinte. L'industrie mécanique ne se développe pas. La production du plomb a été réduite.

Il y a, dans le Royaume-Uni, 1,084,000 personnes engagées dans les industries textiles, dont 40,500 enfants, à demi-temps; 656,500 femmes, parmi lesquelles 45,900 jeunes filles à demi-temps; les adultes travaillent cinquante-six heures et demie par semaine.

Sur la filature du lin, dans le district de

Leeds, voici ce que dit M. Reade, un représentant de la *York street flax spinning company* : « J'étais porté à croire que la réduction de la production ne serait pas proportionnée à la réduction des heures de travail. Je la trouvai exactement égale. » L'association linière de Belfast déclare que l'industrie anglaise ne peut lutter avec un travail réduit contre la concurrence étrangère.

M. Samuel Andrews, dans un travail intitulé : *Cinquante ans de l'histoire du coton*, lu à l'Association britannique, à Manchester, en 1887, établit que le profit n'atteint que l'intérêt que donnerait un placement en bonnes obligations; que toute action législative qui augmenterait le coût de la production paralyserait cette industrie

M. Aldermann Emmott, d'Oldham, parlant au nom de l'*United Cotton Spinner's association*, qui représente un capital de 250 millions de francs, 30 millions de broches et emploie 550,000 tonnes de coton, dit que le revenu du capital a été à peu près de 3 0/0 pendant les treize dernières années. Or, la réduction de 56 heures à 48 équivaudrait à une réduction de 11 0/0 sur les salaires ou à une augmentation égale sur le prix de revient. impossible à supporter, puisqu'elle se traduirait par une perte.

L'Association houillère du Northumberland et celle du Durham déposèrent que l'act sur les mines de 1872, qui diminua la durée du travail des enfants et qui fut mis en vigueur en 1873, avait eu pour conséquence de restreindre le travail des hommes, avait accru les engagements du capital et provoqué une réaction dont l'industrie ne s'était jamais relevée.

L'Association du Lancashire du Sud et du Cheshire déclara aussi que cet act avait diminué la production et augmenté les frais. M. J.-W. Sparrow de Beckminster (Wolwerhampton), ancien maître de forges et propriétaire de mines, déclare que la loi sur le travail dans les manufactures et dans les mines a supprimé la production du fer dans le sud du Staffordshire ; les hauts fourneaux sont tombés de 153 à 33.

Article d'exportation

Ces expériences sont assez concluantes pour que lord Rosebery en ait tiré argument en faveur d'une journée légale de huit heures de travail pour les ouvriers mineurs, mais d'une manière qui ne me paraît pas encourager les autres peuples à l'adopter, contrairement à la conséquence que les socialistes du continent veulent tirer du vote de la Chambre des Communes du 26 avril dernier.

Lord Rosebery comptait bien qu'ils s'en empareraient bruyamment pour essayer de l'introduire dans leurs pays respectifs, car il répondit à la délégation des propriétaires de mines qui lui exposaient leurs raisons contre ce bill :

— Vous avez déjà des journées de travail très courtes ; raccourcissons-les chez nos concurrents. Les partisans de la législation du travail font du cosmopolitisme. Invoquée comme exemple, cette mesure affaiblira la concurrence du dehors. » (Applaudissements et rires.)

Lord Rosebery ne s'était pas trompé, car dans des congrès comme celui-ci, des législateurs dans d'autres assemblées, les

socialistes, n'ont pas manqué de dire : -
« Vous voyez, l'Angleterre nous donne l'exemple de la règlementation du travail. Faites
comme elle, sans tenir compte des résultats
produits par les factory acts de 1872 et
de 1878. »

Je signale l'argument imprudent de lord
Rosebery ; si vous invoquez l'exemple, donné
par la Chambre des communes, j'ai le droit
d'invoquer les paroles par lesquelles il le jus-
tifiait.

Il eût été plus digne de sa part, et il eût
mieux valu pour lui et son pays que le parti
libéral rompît résolument avec ces pratiques.
En augmentant sa dose de poison pour engager les autres à en prendre, il ne se guérit
pas. (Applaudissements.)

Dilemme

Les socialistes répètent avec aplomb :

« Si les heures du travail sont diminuées,
il y aura plus d'ouvriers employés. »

De deux choses, l'une :

Ou le total des salaires demeurera égal,
par conséquent, chaque ouvrier touchera des
salaires moindres ;

Ou chaque ouvrier touchera des salaires
égaux, alors le total des salaires sera augmenté; donc le prix de revient du produit sera
augmenté: donc le profit de l'industrie sera diminué, sinon changé en perte ou le prix de
l'objet sera augmenté ; mais si le prix de l'objet est augmenté, la consommation en sera
moindre ; et alors il y aura une moindre demande de travail, donc du chômage; ou bien
la concurrence étrangère chassera ce produit,

obtenu à plus haut prix, au profit du produit obtenu à plus bas prix ; de toutes manières, l'ouvrier, si fier de la diminution de ses heures de travail, se trouvera sur le pavé, à la porte de l'atelier fermé, réduit à méditer amèrement sur le droit à la paresse, proclamé par M. Pablo Lafargue et autres marxistes et à s'écrier : — Sauvez-moi de mes amis !

Les socialistes auront beau s'agiter, gesticuler, pérorer, déclamer et menacer, ils ne feront pas vivre les industries dont ils changeront les profits en pertes ; et ce n'est pas la réduction des heures de travail qu'ils obtiendront, c'est la disparition du travail.

Ils s'emploient à cette besogne avec un aussi beau zèle que les protectionnistes (Applaudissements.)

Laquelle des thèses ?

Dans les diverses discussions qui ont eu lieu à propos de la réglementation des heures de travail, il y a deux points de vue différents. Je voudrais bien savoir auquel se place M. Vandervelde.

Dans la même discussion, au Conseil municipal de Paris, à propos de la clause du cahier des charges dont je parlais tout à l'heure, d'un côté, M. Vaillant et M. Longuet répondaient à mon ami Léon Donnat : « Une journée plus courte accroît la productivité.» Puis M. Vaillant, ne se rappelant plus l'argument disait, dans un autre discours : « La réduction des heures de travail supprimera la surproduction et, en raréfiant le travail, augmentera les salaires. »

Laquelle de ces deux thèses adoptez-vous ?

La réduction légale des heures de travail

a-t-elle pour objet de réduire la production ?
Si oui, vous faites la cherté, la rareté, la mi-
sère. C'est la théorie protectionniste que vous
faites vôtre.

Soutenez-vous, au contraire, que la réduction des heures de travail a pour conséquence
d'augmenter la production ? Alors, elle n'augmentera pas le nombre des ouvriers, et d'a-
près votre doctrine, elle aurait pour conséquence une diminution et non une augmentation de salaire, puisqu'elle n'aboutirait pas
à la raréfaction du travail.

Mais à quel taux la réduction des heures
du travail augmente-t-elle la production ?

Le chiffre fatidique

Vous avez parlé de huit heures. Pour des
hommes qui ont la prétention de s'inspirer de
la méthode scientifique, vous avez une singu-
lière superstition à l'égard de ce chiffre fati-
dique. C'est du fétichisme. Si vous le prenez,
c'est en obéissant à la vieille superstition tri-
nitaire, parce que huit est exactement le quo-
tient de vingt-quatre heures divisé par trois.

C'est par un esprit d'harmonie mathémati-
que, de symétrie factice, que vous le préco-
nisez.

Plus hardis, Vaillant et les *Trades Unions*
australiennes demandent six heures; M. Hynd-
man, quatre heures ; Lafargue a dit : Pourquoi pas trois heures ? M. Reinsdorf, devant le
tribunal de Leipzig et M. J. Noble, de New-
York, ont conclu à deux heures et le docteur
Joynes a conclu à une heure et demie. Il y
aura toujours des surenchères jusqu'à ce que
vous soyez arrivés à zéro. (Applaudissements.)

Vous êtes toujours condamnés à la suren-

chère, jusqu'à l'extrême limite de l'absurde.
Vous y êtes acculés, comme les protectionnistes le sont à de perpétuelles nouvelles de-
mandes de tarifs et de prohibitions. (Applau
dissements.)

J'ai le droit de conclure de ces diverses
considérations, des faits que j'ai invoqués,
que les résultats de la limitation des heures
de travail ont été ou nuls ou mauvais au
point de vue moral et économique.

C'est à ce point de vue moral que je vais
examiner la sixième question : « La classe
ouvrière a-t-elle intérêt à une réglementation
officielle du travail ? »

L'Etat et le contrat

J'entends me limiter autant que possible :
mais enfin, permettez-moi de rappeler une loi
qui, formulée par Sumner Maine, résume
exactement le progrès juridique de l'humanité : on reconnaît le développement de l'humanité partout où a lieu la substitution du
contrat librement consenti aux arrangements
d'autorité ; c'est la substitution de la décision
personnelle aux injonctions de l'Etat.

Que faites-vous quand vous demandez la
réglementation officielle du travail ? Vous
faites rétrograder le contrat aux arrangements
d'autorité : vous supprimez aux contractants
le droit de décider par eux-mêmes. Vous les
soumettez à la volonté d'un tiers. (Applaudissements.)

La caste des mendiants

Les socialistes répètent souvent une phrase
qu'ils empruntent à Victor Modeste: « Les

plus pauvres deviennent plus pauvres et les riches deviennent plus riches. »

La seconde partie de la phrase n'est pas exacte, comme le prouvent nombre de faits. Quant à la première partie, « les plus pauvres deviennent plus pauvres », je tiens à rappeler que Victor Modeste l'avait dégagée d'une mauvaise interprétation du dépouillement des registres de l'Assistance publique. Il avait constaté que partout, à Paris, sur ces registres, on voyait se perpétuer les mêmes familles, les mêmes noms, de père en fils, de mère en fille, y compris les neveux, les nièces, les cousins et cousines, parce qu'il y a des annexions de parents. C'est la preuve que ces gens qui sont protégés, qui se sentent protégés, au lieu de faire des efforts pour s'émanciper, acceptent leur situation, se considèrent comme les rentiers de la charité publique et, au lieu de tenter d'échapper à une situation précaire et humiliante, s'y confinent, s'y maintiennent et s'y perpétuent. (Applaudissements.)

Voilà le grand danger de toutes les réglementations officielles du travail que vous proposez.

Dépression morale

Vous voulez protéger les gens, et déjà nous voyons, parmi les ouvriers qui vous suivent, que leur idéal n'est plus de s'élever, de faire de leur fils un bourgeois, de briser le moule dans lequel ils se trouvent aujourd'hui, mais de rester dans leur position avec un maximum d'heures de travail, avec un minimum de salaire et surtout de se débarrasser de toute espèce de responsabilité. Dans les mines du Nord et du Pas-de-Calais on ne trouve plus de porions. Les ouvriers préfèrent demeurer simples ouvriers plutôt que d'assumer la charge d'avoir un commandement sur des camarades.

A propos de la grève des mineurs du Pas-de-Calais, en 1891, j'ai résumé d'un mot les constatations qui avaient été faites par M. Harzé dans la statistique officielle des mines en Belgique. C'est que, au fur et à mesure que le salaire des mineurs augmente, leur production diminue.

Plus on s'occupe d'eux, plus la production de charbon va decrescendo. En Belgique, en 1890, la production est tombée à 229 tonnes par ouvrier au lieu de 242 ; en Allemagne, les salaires ont augmenté en trois ans de 38 0/0 et la production s'est réduite de 12 0/0. Même phénomène en France. En Angleterre, le nombre des personnes employées dans l'industrie minière a augmenté de 612,000 à 663.000 de 1890 à 1892 soit 51.000, et la production est restée exactement de 181 millions de tonnes. Eh bien, c'est parce que l'ouvrier, au lieu de s'efforcer de remplir ses devoirs de morale professionnelle et de donner son maximum d'effet utile, obéissant aux suggestions dont on l'entoure, se dit qu'il ne faut pas gâcher le métier, qu'il faut en faire le moins possible, et il aboutit à une restriction volontaire, à ce que j'ai appelé le malthusianisme de la production (Applaudissements.)

Caractères du contrat de travail

Si je repousse l'intervention de l'Etat, des municipalités pour protéger l'ouvrier, je repousse aussi la protection de l'ouvrier par le patron.

Le patron n'a qu'à envisager le prix de revient
de sa marchandise qui se compose de l'intérêt
du capital, du prix des matières premières et
du prix du travail.

Je considère que l'ouvrier n'est qu'un mar-
chand de travail. Entre le patron et l'ouvrier,
le contrat doit être net, aussi net qu'entre le
vendeur et l'acheteur des matières premières.
L'ouvrier a un devoir, c'est de donner le travail pour lequel il est rémunéré ; le patron a
un devoir, c'est de payer le travail au prix
convenu. Une fois ce contrat exécuté, chacun
doit garder son indépendance. (Bravo !)

Tout à l'heure, M. Vandervelde a dit : « Oui,
« mais il faudrait qu'il y eût égalité dans les
« conditions des contractants. » Est-ce que
jamais, entre deux contractants, il y a une
égalité absolue? Est-ce que l'homme qui vous
vend aujourd'hui du blé, du charbon ou du
fer ou une machine, n'est pas poussé à vous
vendre parce qu'il a des échéances, parce qu'il
a besoin de faire des achats à son tour, parce
qu'il a des ouvriers à payer, un outillage à
amortir, des capitaux à remunérer ou pour tel
ou tel autre motif. Il y a dans tout contrat
d'achat et de vente, dans tout contrat d'é-
change, une partie qui a toujours plus intérêt
à acheter ou à vendre que l'autre partie Vous
discutez, l'équilibre s'établit, le contrat est
consenti, et chacun fait une affaire plus ou
moins bonne, selon les circonstances. Les ouvriers peuvent faire de mauvaises affaires, ils
en font de bonnes aussi comme le prouve l'é-
lévation du salaire depuis cinquante ans. Les
patrons n'en font pas toujours de bonnes, ils
en font souvent de mauvaises.

Comment ! vous avez des prétentions à la
méthode scientifique, et, en dépit des faits,

des faillites qu'énumèrent tous les jours les
journaux, des crises qui, de temps en temps,
donnent une violente secousse non seulement
à une seule nation, mais aux nations reliées
entre elles par des liens économiques, vous
séparez en deux les agents de la production :
d'un côté, les ouvriers qui seraient toujours
misérables; d'un autre côté, les patrons qui
s'enrichiraient toujours !

Pour rétablir l'égalité entre les contractants
vous demandez l'intervention coercitive de
l'État, mais ce sera l'égalité dans l'oppression.
(Applaudissements.)

C'est parce que j'ai un respect, autrement
élevé que les socialistes, de la personnalité de
l'ouvrier, que je repousse cette intervention
de l'État, comme je repousse les institutions
patronales dont on a tant abusé.

Et d'abord je considère le mot de patron
comme détestable, parce qu'il évoque une
idée de préséance, de protection. L'employeur
est dans son tort s'il croit que l'ouvrier
doit avoir les opinions politiques ou religieuses qu'il a. Il n'a pas plus le droit de
discuter ces opinions que l'acheteur de blé
sur le marché d'Anvers n'a à se préoccuper
des opinions politiques ou religieuses de son
vendeur de blé à Chicago ou à San-Francisco.
Ils doivent rester indépendants l'un de l'autre. Ce qu'ils ont à faire, c'est à exécuter le
contrat : l'un à livrer sa marchandise, l'autre à
la payer.

Si ensuite des sentiments de sympathie, de
cordialité, viennent s'ajouter à ces rapports,
c'est par surcroît; cela ne gâte rien ; au contraire : mais c'est autre chose que l'opération
qui consiste à déterminer, payer et recevoir
le salaire. Un vieux proverbe dit : « Les bons

comptes font les bons amis. » Il faut commencer par là. La philanthropie est un sentiment qui ne peut revêtir cette forme tangible. Le premier devoir de l'employeur, c'est de bien établir le contrat de travail et de bien l'exécuter. (Adhésion.)

On a beaucoup parlé, dans les dernières séances, de l'Ecole de Manchester pour laquelle j'ai une vive sympathie et beaucoup d'admiration ; mais, quoique la science n'ait pas de patrie, j'ai été froissé, comme Français, qu'on ait oublié les physiocrates, dont l'influence a été si grande sur la Révolution française et la rédaction des principes de 89 ; qu'on ait oublié J.-B. Say, sans parler des rédacteurs du Code civil qui ont caractérisé, dans l'article 1780, le contrat de louage du travail dans les termes suivants : « On ne peut engager ses services qu'à temps et pour une entreprise déterminée. » C'est en vertu de ces doctrines que je repousse ce que l'on appelait la réglementation contractuelle. Qu'est-ce ? c'est le marché à long-terme de travail, marché qui peut comprendre la vie de l'ouvrier tout entière. Ce marché à long terme, entre individus, entre employeurs d'un côté et ouvriers de l'autre, est mauvais, parce qu'il les lie l'un à l'autre. Il empêche l'ouvrier de changer d'usine, de manufacture. Et si l'employeur est mécontent du travail de son ouvrier, cette réglementation, qui les lie l'un à l'autre, fait deux mécontents.

L'heure me presse. Je n'ai pas besoin de rappeler les grands conflits auxquels ont donné lieu les efforts faits par les employeurs pour donner plus de solidité et de durée au contrat de travail par leurs caisses de retraites collectives et leurs institutions de prévoyance, qui m'a fait un jour, à la Chambre des députés, dire des directeurs des mines qu'ils étaient coupables d'excès de philanthropie. Vous les connaissez tous assez, pour que je puisse immédiatement formuler cette conclusion :

Toute institution, qui a pour résultat d'aliéner l'indépendance réciproque de l'employeur et de l'employé et de rendre indéfini et immuable le contrat de travail, est mauvaise. (Applaudissements.)

Les forts et les faibles

Ceci est une réponse à l'argumentation de M. Leakey. Il a fait des métaphores sur les agneaux et les loups. Je ne les reproduis pas: mais, si je l'ai bien compris, il a soutenu que les ouvriers les plus forts doivent se sacrifier aux plus faibles. (Interruption.) En tout cas, c'est à cela qu'aboutissent toutes les règlementations officielles, toute espèce de détermination d'un maximum d'heures de travail ou d'un maximum de salaire; on empêche les forts de produire autant qu'ils le pourraient, les habiles de gagner ce qu'ils pourraient. Ceux qui combattent le travail aux pièces le repoussent parce que les forts en font trop et qu'ils veulent les ramener au niveau des faibles. Au point de vue du progrès humain, du développement de ceux que vous prétendez protéger, je ne connais rien de plus terrible! Vous mettez les plus faibles sur le dos des plus forts; et ainsi vous paralysez les forts, vous les frappez d'un arrêt de développement. (Très bien!) Pour qu'il y ait des forts, il faut que vous leur laissiez toute liberté d'action. L'humanité ne se développe et ne fait des progrès que grâce aux plus forts. Est-ce que cela tue les plus faibles? Comment voulez-vous que les forts puissent protéger les faibles, s'il n'y a que des faibles? L'excès de force des plus forts est la meilleure protection que vous puissiez donner aux plus faibles.

Ce que soutiennent les socialistes dans leurs élégies sentimentales, c'est ce que Herbert Spencer a qualifié de loi de famille. Vous voulez nous ramener à la vieille civilisation patriarcale.

Dans la loi de famille chaque individu doit recevoir des secours en proportion de sa faiblesse : c'est ainsi que les familles s'élèvent, que les enfants arrivent à vivre.

Mais ensuite l'adulte doit recevoir des profits en raison de sa capacité.

Je considère que nous devons avoir la formule suivante : Protection de l'enfant, liberté de l'adulte.

Et lorsque vous voulez ramener certaines catégories à la loi de famille, lorsque vous voulez les protéger, vous les arrêterez dans leur évolution et vous les condamnerez à une perpétuelle dépression , vous les frapperez d'impuissance (Applaudissements.)

Vous avez dit tantôt que vous considériez que la liberté politique devait servir à établir la tutelle économique. Ces deux mots hurlent ensemble et constituent une contradiction choquante.

De ces hommes en possession plénière de leurs droits politiques, vous voulez faire des enfants au point de vue économique.(Applaudissements.)

Dans la réglementation officielle du travail, vous aboutissez à un autre résultat au point de vue moral et je m'étonne qu'il n'ait pas frappé des légistes tels que vous. Vous substituez au contrat civil une sanction pénale, vous créez perpétuellement de nouveaux délits. Vous placez des gens qui avaient l'habitude de contracter librement entre eux sous la dépendance d'inspecteurs. Les inspecteurs vont dans les ateliers. Le règlement n'est pas observé. Procès-verbal et prison. Et alors, vous frappez d'une sanction pénale des gens qui, si l'un ou l'autre viole les conventions arrêtées, se dérobe à ses obligations, ne doivent être passibles que de dommages-intérêts. (Très bien !)

Deux oublis

Enfin, vous parlez de la réglementation officielle, de la protection de l'État, de la protection de la Société. C'est bien. Mais il y a quelqu'un que vous oubliez complètement, c'est l'employeur. Avec les lois d'hygiène, les lois sur la réglementation du travail des femmes, des enfants et des adultes, avec les lois dont on demande la multiplication tous les jours, quel est votre but ? Mettre l'employeur à la porte de l'atelier. (Très bien !)

Il se retirera, il partira, mais il fermera, et une fois qu'il aura fermé son atelier, les ouvriers resteront aussi à la porte. Vous voulez vous substituer au patron, et c'est lui qui a trouvé les capitaux, qui trouve des débouchés, qui s'ingénie pour faire marcher l'usine et la maintenir en état d'activité au milieu de crises, de difficultés de tous genres. Vous le mettez à la porte. Mais croyez-vous qu'il y aura beaucoup de gens qui seront tentés d'engager leur activité, leurs capitaux à eux ou à leurs amis, dans une industrie quelconque, lorsque, entrant dans cette industrie-là, ils seront traités en suspects, en criminels, et que, assumant toutes les responsabilités, vous leur aurez enlevé toute autorité au profit de qui ? De personnes dépourvues de toute responsabilité. (Applaudissements.)

Mais, il y a quelqu'un que vous oubliez aussi, et celui-ci échappe complètement à tous vos efforts de réglementation et à toutes vos sanctions : C'est le consommateur.

Or, il n'y a pas d'employeur qui travaille pour son plaisir. On ne fait pas de l'industrie pour l'industrie, comme on fait de l'art pour l'art. On fait de l'industrie pour vendre. On produit des services pour qu'ils soient rémunérés. Si, avec votre réglementation, vous augmentez les prix de revient des services ou des produits, vous diminuez les débouchés. Ainsi vous jetez de la main d'œuvre sur le marché, et par là vous rendez plus précaire, plus aléatoire le sort de ceux que vous avez prétendu protéger, puisqu'ils ne trouvent pas de travail. M. Hector Denis ne me contredira pas à ce point de vue, car lui-même a dit que le véritable fond des salaires, c'est l'ensemble des ressources que les consommateurs peuvent et veulent consacrer à l'acquisition des produits.

En un mot : avec la réglementation du travail, que vous le vouliez ou que vous ne le vouliez pas, étant données les surenchères qui se produiront fatalement, vous aboutissez toujours à une augmentation du prix de revient ! Lorsque vous supprimez le travail de nuit, vous supprimez une partie de l'amortissement, et lorsque vous relevez le prix de revient vous diminuez les débouchés ; par conséquent, vous diminuez la demande de travail. Vous aboutissez, avec la réglementation

officielle du travail, exactement au même résultat que les protectionnistes. Je considère
que tout partisan de la liberté économique au
point de vue du commerce doit être également
partisan de la liberté économique au point de
vue du travail. En un mot ma conclusion
nette et ferme est : ni intervention de l'Etat
dans le contrat d'échange, ni intervention de
l'Etat dans le contrat de travail. (Applaudissements.)

La règlementation internationale

Quant aux questions qui suivent : « 7° cette
règlementation est-elle possible : si elle était
possible, pourait-elle être autre qu'internationale ? 8° Pourrait-on arriver à une entente
internationale avec une sanction efficace ? »
elles impliquent la condamnation même du
principe de la réglementation du travail.

Je rappelais tantôt l'exemple du conseil
municipal de Paris relevant des droits d'octroi pour frapper des produits qui auraient été
faits par des ouvriers non protégés par son
cahier des charges. C'est un argument protectionniste qui se produit pour tous les pays.
Je suppose que vous puissiez arriver à une
entente internationale en Europe, quoique
nous ne puissions pas arriver à des traités de
commerce. Je suppose que vous ameniez les
Etats-Unis dans votre orbe d'action. A quelle
conséquence arriveriez-vous? Des prohibitions! Mais la Chine resterait en dehors pro-
bablement et elle contient 400 millions d'ha-
bitants qui ne demandent pas les huit heures
de travail, qui sont habiles, très sérieux, très
économes, et qui produisent à bon marché.
Vous ne craignez pas leur concurrence? Prenez garde, vous aurez un jour des émigrants

chinois qui viendront prendre, sans conditions, le travail de ceux qui n'en voudront
qu'à des conditions officielles. Vous les re-
pousserez comme aux États-Unis. Soit, mais
il y a aux États-Unis des fabricants qui sont
allés installer des ateliers en Chine. Repous-
serez-vous leurs produits par vos droits de
douane ? Vous avez eu raison d'associer les
deux questions dans le congrès ; car la règlementation du travail aboutit au protectionnisme. (Applaudissements.)

N'avez-vous pas eu aux États-Unis 30 souf-
fleurs de verre partis, à bord du *Friedland*,
au mois de décembre 1892, qui ont été ren-
voyés en Belgique? N'avez-vous pas eu des
mouvements des mineurs du Pas-de-Calais
contre les ouvriers belges? Pourquoi? Ce sont
des manifestations du même sentiment de
protectionnisme.

Vous avez dit qu'il fallait un minimum de
salaire, une réglementation officielle de travail, vons avez dit aux travailleurs qu'on
leur devait protection; ils commencent par se
protéger contre leurs concurrents étrangers.
(Applaudissements.)

Je ne veux pas prolonger cette discussion ;
mais je crois qu'il suffit d'énumérer les im-
possibilités de la réglementation officielle du
travail, de la réglementation internationale
pour la laisser de côté. Est-ce qu'un pays ac-
cepterait que des inspecteurs de fabrique du
pays voisin vinssent chez lui? Même dans
les *trusts*, dans les Sociétés d'accaparement,
de limitation de production, de maintien des
cours, qui sont une conséquence des lois protectionnistes, il y a des faussaires, il y a des fraudes. Croyez-vous que si des pays essayaient
de faire une réglementation internationale,

il n'y aurait pas aussi des faussaires et des fraudes? Chaque industriel se préoccuperait moins de produire que de s'ingénier à frauder, à violer la réglementation internationale du travail? Et les gouvernements eux-mêmes contribueraient peut-être à ces fraudes.

Ils essaieraient de se tromper les uns les autres, de tricher les uns avec les autres, exactement comme le faisaient les anciennes corporations. Voilà les conséquences auxquelles vous aboutissez toujours !

Conclusions

Quoi que vous en disiez, vous arrivez à frapper la production d'un arrêt. Tandis que la liberté représente la politique économique expansive, demandant à chacun de produire le maximum au meilleur marché, vous voulez restreindre la production, diminuer le pouvoir de l'homme sur les choses et soumettre l'homme à un contrôle de plus en plus étroit des autres sur lui. Comme le progrès est en raison inverse de l'action coercitive de l'homme sur l'homme, et en raison directe de l'action de l'homme sur les choses, je n'abuse pas des mots quand je vous traite de rétrogrades! (Applaudissements.)

Ma conclusion est celle-ci : Est nuisible toute institution (ou mesure législative, fiscale, administrative) qui a pour objet de restreindre l'activité intellectuelle ou productive de l'individu.

Est pernicieuse toute institution qui a pour objet de protéger un individu ou un groupe d'individus contre une concurrence, car elle a pour résultats l'apathie et l'étiolement des intéressés. (Applaudissements prolongés.)

M. Hector Denis, avocat, recteur de
l'Université libre de Bruxelles, le docteur
reconnu du socialisme en Belgique, répondit à M. Yves Guyot. Il invoqua l'autorité
d'un certain nombre d'auteurs socialistes,
partisans plus ou moins discutables de la
réglementation du travail ; il cita l'exemple de l'Australie, ce qui n'était pas heureux
dans le moment actuel ; et il oublia la vi-
goureuse protestation du président de la
Tasmanie, ancien maçon, contre la diminution officielle des heures de travail. Il
répondit que l'expérience de la loi de 1848
ne comptait pas puisqu'elle n'avait pas été
appliquée, sans se demander si cette non
application presque cinquantenaire n'était
pas la meilleure preuve de son inutilité. Il
reprit le vieil argument de l'égalité des
contractants, comme si la loi ne devait pas
leur laisser la liberté de la discussion et
n'intervenir que pour garantir l'exécution
des obligations consenties. Il parut sup-
poser que les économistes repoussaient la
liberté d'association : ce qui est faux ; seulement, ils n'admettent pas que l'association donne aux individus associés le
droit de commettre des actes qui, perpé-
trés par des individus isolés, constitue-
raient des délits ou des crimes. Il dit :
« la liberté, c'est la puissance. » A ce
compte, dans son État, un despote serait
le plus libre des hommes, mais il serait
le seul. Les économistes entendent par
liberté non pas le pouvoir d'imposer des

volontés capricieuses, des systèmes, aux autres. Ils la résument dans la formule des physiocrates : — Laissez faire ! Laissez passer !

Nous regrettons qu'il n'y eût pas eu un plus grand nombre de partisans de l'intervention de l'Etat dans le contrat de travail et dans le contrat d'échange à assister à ces discussions où protectionnistes et socialistes ont eu toute liberté pour s'exprimer, sans être interrompus. Les « économistes », comme on appelait les organisateurs du congrès d'Anvers, ont donné là une preuve de leur esprit de liberté qui doit faire impression sur les esprits non prévenus.

Les « économistes » comptent sur la valeur de leurs arguments, de leur méthode, pour établir la vérité. Cette conviction leur permet d'écouter sans impatience aussi bien les affirmations protectionnistes que les affirmations socialistes.

333 — Soc. a. de l'Imp. Kugelmann, 12, rue Grange-Batelière

9 782329 647920